D0777614

Retour à Paris

Biographies

Michel Frizot, directeur de recherche au CNRS (Centre de recherche sur les arts et le langage, École des hautes études en sciences sociales). Coauteur de *Histoire de voir*, Nathan, collection Photo poche, 1989. Coordinateur et auteur de *La Nouvelle Histoire de la photographie*, Bordas/Adam Biro, 1994 et Larousse, 2001. Auteur de *Étienne-Jules Marey chronophotographe*, Nathan/Delpire, 2001.

Daniel Quesney est photographe et vit actuellement à Paris. De 1993 à 1998, il participe à la mise en œuvre de l'Observatoire photographique du paysage auprès du ministère de l'Environnement (Revues *Séquences paysages* n° 1, Hazan, 1997 et n° 2, Arp Éditions, 2000). Il dirige actuellement l'agence Paysage(s) qui regroupe une quarantaine de photographes. Dans ce cadre, il réalise des états des lieux ou des reconductions photographiques pour des institutions liées à l'aménagement du territoire. En 2001, il publie chez Arp Éditions *Miroirs, reconstitution photographique*, un travail de reconduction à partir de photographies d'Eugène Atget.

Sommaire

Du même au semblable

Chacun sait que, pour faire de la photographie, il faut un instrument ou appareil, autrefois appelé chambre noire ou chambre photographique, que l'on peut nommer également, de manière plus générique, un dispositif optique. Chacun sait aussi que la surface sensible placée à l'intérieur enregistre imperturbablement toutes les manifestations de la lumière, et sans délai, dans l'instant même où elles se produisent. La conjonction des capacités de la surface photosensible (évidemment présente encore dans la photographie numérique) et celles du dispositif confère à cet ensemble des propriétés extraordinaires de gestion de l'espace et du temps, propriétés qui n'ont pas varié depuis l'invention de la photographie jusqu'à nos jours.

Pour faire des cartes postales à partir des années 1900, à la ville ou à la campagne, on se postait avec une chambre photographique de 10 x 15 cm, sur pied en un point d'où l'on embrassait une portion d'espace suffisamment

Same Shot; Similar View

Everyone knows that to take a photograph you need a camera, or camera obscura as it used to be called. In brief: an optical device. Everyone also knows that the light sensitive surface placed inside the device will invariably, accurately and instantaneously record all variations in light. The combined abilities of the photosensitive surface (still present in digital photography) and the device will produce the spectacular properties allowing to record both time and space. These basic ingredients have not changed since the very invention of photography.

In the 1900s, postcard production using urban and rural shots involved setting a 10 x 15 cm camera (4 by 6 inches) on a tripod before a space judged to be "interesting enough" to photograph. This might have been the middle of a street, a spot on a bridge, or a hilltop. All postcards were produced in this way, either printed by collotype process or heliography. Every photograph represents a given time. It is perfectly dated in universal chronology. In other words, it registers the state of things at the very moment it was taken. Down to the microsecond. In fact, some cameras automatically record the time and date onto the shot. The idea of photographing a subject previously shot by someone else is hardly new. Professional and amateur photographers are quite familiar with the exercise and do it for varying reasons. Some want to retrace the steps of their predecessor as a sort of challenge. They will attempt to improve upon the shot with slight changes. Others, however, aim to measure up to their role models, to imitate them, sometimes clumsily. Tourists intent on photographing a "top site" at its "best angle" have popularized this practice by returning to the same spot, which they usually locate by simply "eyeballing" it.

Same Shot

Positioning a camera's view-finder to line up perfectly with the original photo and deploying identical camera settings are basic logical functions involving keen observation skills not merely for amusement's sake but for obtaining the maximum out of a set up which is frequently only

"intéressante" pour justifier une prise de vue, au milieu de la rue, sur un pont, au faîte d'une colline. Toutes les cartes postales (imprimées en phototypie ou héliogravure) sont tirées de telles photographies. Toute photographie est faite aussi à un "moment donné", elle est parfaitement "datée" dans une chronologie universelle, c'est-à-dire qu'elle transcrit l'état des choses à une date d'occurrence effective, qui peut être précise à la seconde près, ou moins encore. Du reste, certains appareils inscrivent d'emblée date et heure dans la surface. L'idée de refaire une vue d'un site déjà enregistré par d'autres, et déjà bien connu de ce fait, vient souvent aux professionnels comme aux amateurs, et pour des raisons différentes : les premiers viennent dans les traces de leurs prédécesseurs par esprit de concurrence, ils essayent donc de s'en distinguer en variant légèrement l'emplacement ; les seconds, à l'opposé, veulent tenter de se mesurer aux premiers, ils se situent dans l'imitation, sans en avoir toujours les moyens. Le tourisme et sa conséquence, la reconnaissance des "sites à photographier" comme des lieux communs de l'imaginaire de toute une génération, ont popularisé ces pratiques du retour à un même "point de vue", essentiellement désigné à partir de l'imprécision oculaire du promeneur.

Le même

Placer l'objectif de la chambre exactement au même endroit (au centimètre près) qu'un devancier, l'orienter dans la même direction, paramétrer le dispositif selon les mêmes règles, relève d'une pure logique du modèle photographique, d'une claire gestion de ses capacités, non au service de l'amusement ou de la distraction, mais en vue d'exploiter au maximum la compétence d'un dispositif, habituellement sollicité *a minima*.

C'est la "reconduction" qui consiste à reconduire les conditions intégrales d'une expérimentation (car toute photographie est une expérimentation de physique), à utiliser un instrument aux mêmes conformations afin d'obtenir le même résultat. Dans ces conditions, les "lois" de l'optique, le trajet des rayons lumineux, la projection homothétique des figures, la conservation de tous rapports de proportion, concourent à cet effet inespéré : même avec une focale différente, on obtiendra une image superposable à celle que l'on tenait pour modèle. La pointe de la flèche de Notre-Dame, le rebord du quai, l'arche du pont occupent les mêmes positions relatives. Les formes inamovibles se décalquent d'une image sur l'autre. Le même endroit, le même axe, le même cadrage,

minimally used. This involves reproducing the full range of conditions for an experiment (after all, photography is nothing short of a physics experiment) and using an instrument in compliance with the configuration of elements in order to achieve identical results. In such conditions, the laws of optics, the angle of rays of light, full respect of the proportions of shapes and figures combine to produce an unexpected result: even with a different focal length, the image produced can be superimposed on the original image. The tip of the steeple on Notre-Dame, the lip of a quay, the arch of a bridge, all occupy the same relative positions. Immobile features can be traced from one image to the other. Put these same gears in motion, and you obtain the same place, the same axis, the same framing, and an exact duplicate over a century's time. Reproduction of the same, precisely where it once was.

Similar View

The only indicator of the passage of time is our perception of "what has changed." The alterations wrought by the lapse of time, not those picked up by *perceptible movement of the naked eye, but those simple fluctuations or major upheavals, inflections or disappearances that no human eye could wager on at a hundred year's distance. This wager can only be won by one instrument: the prodigious photographic device.*

Everyone also knows that photography captures every detail, even the most insignificant smudge, the tiniest detail that no one had notice at the time the shot was taken because it had no importance in the story at the moment or was not yet developed. But what has not yet been noticed will not necessarily forever lack importance. What might be trivial today may later become of crucial interest. The photographic image provides a rigorous account of light without ever playing favorites to any detail: a cathedral receives the same treatment as a broken window. Motives, evaluations, and hierarchies only come later, decided by humans who are wholly dependent on these trifling devices that take pictures.

What has changed, in fact, is not what we generally call "time" —endless so it would seem—

grâce à un même fonctionnement de dispositif qui propage ainsi du "même" sur plus d'un siècle. Reconduction du même là où il fut.

Le semblable

Pour nous assurer de la réalité du temps qui passe, nous n'avons guère d'autre ressource que de constater "ce qui change", les modifications survenues dans l'intervalle du temps, non celles qui se traduisent par un mouvement perceptible à l'œil nu, mais ces simples fluctuations ou amples bouleversements, inflexions et disparitions que nul œil humain ne pourrait jauger à cent ans de là. Cette gageure est du ressort d'un instrument, et l'appareil photographique s'en acquitte à merveille.

Chacun sait aussi que la photographie enregistre tout, la trace la plus insignifiante et le moindre détail, celui que l'on n'avait pas remarqué au moment de la saisie, parce qu'il n'avait pas encore pris de sens dans une histoire, dans un devenir encore en suspens. Mais ce qui passe inaperçu pour l'instant n'est pas pour autant privé de sens à jamais, ce qui n'a pas de poids pour l'un n'est pas indifférent à d'autres. L'image photographique comptabilise la lumière en toute rigueur, mais elle ne différencie aucun sujet, elle ne fait cas de rien en particulier : pas davantage d'une cathédrale que d'une vitre cassée. Les motivations, les évaluations et les hiérarchies ne viennent ensuite que des hommes, tributaires de ces petits riens que transmettent les images.

Ce qui change, en fait, ce n'est pas ce que nous appelons "le temps" – immuable, paraît-il –, mais certaines pondérations transitoires de l'espace et de la lumière (des immeubles, des arbres, des passants, des lampadaires ou des nuages) que seul un instrument, "immuable" lui aussi, pourra déceler. Qu'un photographe vienne installer un dispositif photographique au même endroit qu'un prédécesseur, et c'est comme si la chambre noire n'avait jamais quitté cet endroit. Et tout se passe comme si…

Le dispositif est donc le lieu où se réalise ce "même" reconduit ; mais il n'est témoin que du "semblable". Et encore… sans s'en rendre compte. Car il lui faut un interprète pour faire apparaître de la similitude et de la différence. Il faut un regardeur, c'est-à-dire des yeux et un cerveau, une page qui permet de conjuguer ce qui était disjoint, des va-et-vient du regard, de la jauge et de l'estimation. Il y faut du plaisir au repérage, à l'identification, à la découverte du fragment manquant d'un puzzle, à l'interrogation pensive de tout surgissement.

but certain transitory elements of space and light (i.e. buildings, trees, passersby, street lamps, clouds) which only an equally enduring instrument might be able to pick up. When a photographer sets up a camera on the same spot chosen by a predecessor, it is almost as if the camera obscura had never departed. And everything unfolds as if…
Therefore, the device is the place where the "same" is reproduced; but its testimony only recounts the "similar". Inadvertently so…
An interpreter is required to point out similitude and disparity.
An onlooker is required. In other words, without eyes and a brain scanning a page offering parallel views, the disconnected pieces cannot be assembled. This task requires glancing back and forth, discernment, observation. It requires getting pleasure out of positioning, identifying, locating the missing piece of the puzzle, pensive musing over the glaringly obvious.
The eye of the beholder focuses on one same spot of the shot which has not budged; the eye then makes a running leap, hurtling through a century, a decade or three days, little does it matter. But not without

the constant back and forth
movement of the eye dancing
from one century to the other
over a physical distance of only
a few centimeters.
The same remains in the outline,
in the perspective, in the
overriding architecture of the
image. The similar appears
through the differences, through
the comparisons, the vague
sensations acknowledged by
the mind's focus. The same
is related by the systematics of
the machinery. The similar is
but probable, a stranger seeping
through the ink.
Provided that the photographer
relies solely on the constancy
of the machinery, the passage
of time will leap out begging for
our attention. The grain of the
image, the variance in the colors,
the outdated outline of any
shape, the typography of the
signs, the cut of the trees,
the shimmer upon the water,
all remind us that we alone are
capable of detecting the subtle
play between the similar and
the same.

Michel Frizot

L'œil du regardeur se cale à l'endroit "même" d'un objectif qui n'aurait pas bougé ; il fait alors un saut d'occurrences, un saut d'un siècle, de dix ans ou de trois jours, peu importe. Mais non sans le travail de l'aller-retour permanent de l'œil, d'un siècle à l'autre, par un trajet sur une distance de quelques centimètres.

Le même est dans les grandes lignes, dans la perspective, dans l'architecture globale de l'image ; le semblable est affaire d'écarts, de comparaisons, de sensations vagues confirmées par l'attention. Le même est assuré par la systématique du dispositif, le semblable n'est que probable, une inconnue qui se matérialise en image.

Pourvu que le photographe s'en remette à la seule constance du dispositif, le passage du temps nous saute aux yeux et nous fait la fête : la texture de l'image, la couleur toujours décalée, le dessin "daté" de toute forme, la typographie des enseignes, la coupe des arbres, la brillance de l'eau, tout nous rappelle que nous sommes les seuls capables de déceler les subtilités du semblable dans le même.

Michel Frizot

PARIS. — Le Tribunal de Commerce, le Palais de Justice (Conciergerie) et la Ste-Chapelle.

À l'angle du quai de l'Horloge et du boulevard du Palais, la Conciergerie, avant de devenir une prison particulièrement fréquentée sous la Terreur, fit partie du palais des rois de France. Sur le boulevard se trouve le Palais de justice, également marqué par la période révolutionnaire, où siègent aujourd'hui les chambres correctionnelles.

Conciergerie, 1st arrondissement. *The Conciergerie, corner of Quai de l'Horloge and boulevard du Palais, was royal property and part of the palaces before becoming one of the most frequented prisons during the Reign of Terror. Along the boulevard is the entrance to the Palais de Justice (law courts). It, too, bears the scars of the Revolution. Today, this hall of justice houses the correctional chambers of the French judicial system.*

Conciergerie
1er arrondissement

201 — PARIS - La Seine, vue prise du Pont des Saints-Pères

Le quai François-Mitterrand – anciennement quai du Louvre –, commandé par François Ier, a abrité pendant des siècles le port Saint-Nicolas avant d'être rendu aux promeneurs. Il offre une vue magnifique sur le pont des Arts, les tours de Notre-Dame et l'Institut.

Quai François-Mitterrand, 1st arrondissement. *For centuries, the Quai François-Mitterrand –formerly called Quai du Louvre–, built by order of François I, was the location of the Saint-Nicolas harbor. It now offers a magnificent view of the riverside cityscape: the Pont des Arts, the towers of Notre-Dame and the Institut.*

18

Quai François-Mitterrand

1er arrondissement

123 *PARIS. — Perspective sur la Seine, le Pont Neuf* ND Phot

À l'extrémité de l'île de la Cité le square du Vert-Galant se détache sur le Pont-Neuf, le plus ancien des ponts de Paris.

Pont-Neuf, 1st arrondissement. *Square du Vert-Galant at the tip of île de la Cité protrudes into the Seine from under the city's oldest bridge, Pont-Neuf ("new bridge").*

Pont-Neuf
1er arrondissement

79 — PARIS - Le Pont-Neuf

Dans la perspective du Pont-Neuf, les grands magasins de la Samaritaine, construits en 1926, offrent depuis le restaurant du dernier étage l'un des plus beaux panoramas de Paris.

Pont-Neuf, 1st arrondissement. *The Samaritaine department store (built in 1926) figures in this view taken from on the Pont-Neuf. One of the finest panoramas of Paris can be had from the store's top-floor restaurant.*

Pont-Neuf

1er arrondissement

186 — PARIS - Pont-Neuf - Un bras de la Seine

B. F., PARIS

Achevé en 1607, sous le règne d'Henri IV, le Pont-Neuf eut un succès immédiat auprès des promeneurs, car il était dépourvu de maisons et permettait ainsi de profiter de la vue sur la Seine.

Pont-Neuf, 1st arrondissement. *The Pont-Neuf was erected in 1607 during the reign of King Henri IV. Unlike other bridges of its time, it was not lined with houses. It became instantly popular as it afforded strollers novel river views.*

Pont-Neuf
1er arrondissement

4388. PARIS — Le Louvre

Forteresse sous Philippe Auguste, transformé en résidence royale par Charles V, le Louvre abandonna ses habits médiévaux sous François Ier. Après avoir fait l'objet d'une rénovation complète dans les années 1980 – conduite sous la direction de Ieoh Ming Pei –, c'est aujourd'hui l'un des plus grands et des plus célèbres musées du monde, par sa superficie comme par l'ampleur de ses collections.

Palais du Louvre, 1st arrondissement. A fortress under King Philippe Auguste, then transformed into a royal residence by King Charles V, it was under François I that the Louvre finally doffed its medieval cloak for modern attire. After undergoing sweeping renovation in the 1980s –designed by Ieoh Ming Pei–, today's Louvre is home to one of the world's largest, richest and most famous museum.

Palais du Louvre
1er arrondissement

116. - PARIS. - Place du Palais-Royal

Haut lieu du libertinage et de la contestation sous l'Ancien Régime, le Palais-Royal a gagné en sagesse et en élégance au fil des siècles. Aujourd'hui, la place est notamment bordée par le Louvre des Antiquaires, galerie marchande haut de gamme où s'exposent meubles et objets anciens.

Place du Palais-Royal, 1st arrondissement. *Prior to the Revolution, the Palais-Royal had a reputation as a Mecca of debauchery and protest. Through the centuries, however, the place has become tamer and acquired a reputation of elegance. The upscale gallery of antique shops called Le Louvre des Antiquaires is bordering the square.*

Place du Palais-Royal

1er arrondissement

- PARIS. - Le Jardin des Tuileries et la rue de Rivoli

Transformées en jardin à la française par Le Nôtre en 1666, les Tuileries tiennent leur nom de la terre argileuse utilisée pour la fabrication des tuiles et sur laquelle Catherine de Médicis fit ordonner l'aménagement d'un parc. En y faisant installer 18 statues de Maillol aux alentours du Carrousel, André Malraux a su donner un aspect moins solennel au jardin le plus chargé d'histoire de Paris.

Tuileries gardens, 1st arrondissement. *In 1666, architect Le Nôtre designed the Tuileries gardens. The name comes from the clay-rich earth once extracted here for making roof tiles (tuiles in French). Queen Catherine de' Medici commissioned the transformation of this clay pit into a classical French garden. Minister of Culture André Malraux gave it a more fanciful aspect by having 18 statues by Maillol set up in Paris's most historic city park (near le Carrousel).*

Jardin des Tuileries

1er arrondissement

79. - PARIS. - La Rue Castiglione et la Colonne Vendôme

Place royale, la place Vendôme date de la fin du règne de Louis XVI. Aujourd'hui, elle abrite des boutiques de luxe, des bijouteries et des banques. La colonne Vendôme, haute de 43,50 mètres et fondue dans le bronze de canons russes et autrichiens, y fut placée en 1810 sur ordre de Napoléon.

Rue de Castiglione and the Vendôme column, 1st arrondissement. Originally a royal square, the Place Vendôme dates from the reign of Louis XVI. Today it is lined with luxury boutiques, jewelry shops and banks. The 43.5 meter-high column (nearly 142-feet) was crafted from the melted bronze of Russian and Austrian canons. It was erected in 1810 on Napoleon's order.

Rue de Castiglione et colonne Vendôme
1er arrondissement

1. Barricade des Fédérés
Place Vendôme et Rue Castiglionne

Pendant la Commune, la rue de Castiglione et la place Vendôme furent le théâtre d'une manifestation organisée par le peintre Courbet. Devant une centaine de milliers de Parisiens, il fit abattre la colonne et la statue de Napoléon sur un lit de fumier.

Place Vendôme, 1st arrondissement. During the Commune, it was on Rue de Castiglione and Place Vendôme that painter Courbet organized a colossal event. Playing to a crowd of a hundred of thousands of Parisians, he had the column and the statue of Napoleon toppled onto a bed of horse manure.

Place Vendôme
1er arrondissement

PARIS. - EGLISE ST-EUSTACHE

Inspirée des plans de Notre-Dame, l'église Saint-Eustache fut construite à l'initiative des marchands des Halles. Aujourd'hui, elle domine l'un des aménagements les plus controversés du Paris contemporain, le Forum des Halles.

Saint-Eustache Church, 1st arrondissement. *Notre-Dame's floor plan served as model for the Saint-Eustache church, built for the grocers at Les Halles marketplace. It now overlooks the Forum des Halles shopping center, one of the city's most controversial real estate developments.*

Église Saint-Eustache

1er arrondissement

PARIS — La Bourse

JULES SÉEBERGER
PARIS

Créée au début du XIXe siècle par Napoléon, la Bourse de Paris s'installa en 1826 dans le palais construit par l'architecte Brongniart. Bientôt entouré de nombreux sièges de banques et de compagnies d'assurance, le Palais devint le cœur financier de la capitale jusqu'à ce que les communications électroniques fassent le vide autour de la corbeille.

Bourse, 2nd arrondissement. Created in the early 19th century by Napoleon, the Paris stock exchange was set up in this palace designed by Brongniart. Soon thereafter, major banks and insurance companies moved their headquarters to the quarter, making it the financial heart of the capital. Today's electronic trading, however, has broken up the ring.

Bourse

2e arrondissement

Place des Victoires – Statue de Louis XIV.

Construite en 1686, elle célèbre les victoires de Louis XIV et une statue équestre du Roi-Soleil orne son centre. Cet ensemble homogène et harmonieux est désormais l'un des hauts lieux de la mode et de la création.

Place des Victoires, 2nd arrondissement. The Place des Victoires was laid out in 1686 to celebrate the military victories of Louis XIV. In the center of the traffic circle is a statue of the Sun King on horseback. Architectural harmony and unity rule what is now the haute-couture fashion district.

Place des Victoires

2e arrondissement

24 — PARIS — PORT DU MAIL — MARCHÉ AUX POMMES — P. P. C. — Paris

À l'emplacement de l'ancien port alimentaire du Mail, face à l'île de la Cité et au quai aux Fleurs, passe aujourd'hui la voie express Georges-Pompidou, ouverte tous les dimanches aux promeneurs et, une fois par an, aux participants au marathon de Paris.

Quai de l'Hôtel-de-Ville, 4th arrondissement. *Today the Georges-Pompidou expressway runs right through the spot where the city's food dock once stood. Port du Mail sat opposite the Quai aux Fleurs (flower dock). On Sundays, now, the expressway is closed to traffic for the benefit of strollers, and it is quite literally overrun by the annual Paris marathon.*

Quai de l'Hôtel-de-Ville

4e arrondissement

Sur l'emplacement de l'ancienne place de Grève, vouée depuis longtemps aux rassemblements populaires et à l'exercice du pouvoir municipal, Étienne Marcel, prévôt des marchands, acheta une maison en 1357. Reconstruite, remaniée, agrandie, elle deviendra au XIXᵉ siècle l'Hôtel de Ville. Incendié pendant la Commune de Paris, le bâtiment fut reconstruit dans un style néo-Renaissance et couronné des statues de 30 villes françaises.

Paris City Hall, 4th arrondissement. *In 1357, Étienne Marcel, a high-ranking city official, bought a house on the banks of the Seine River on what was then called Place de Grève. Although destroyed by fire, it was rebuilt on a larger scale and with considerable alterations in the 19th century and became the Paris City Hall. Ravaged by fire a second time during the Commune, it was rebuilt in Neo-Renaissance style and crowned with statues symbolizing 30 of France's cities.*

Hôtel de Ville
4e arrondissement

À l'angle de la rue des
Francs-Bourgeois et de la rue
Vieille-du-Temple, la maison
de Jean Hérouet, trésorier
de Louis XII, s'orne d'une tourelle
d'angle à encorbellement rehaussée
de délicates sculptures gothiques.

Rue Vieille-du-Temple,
4th arrondissement.
King Louis XII's treasurer,
Jean Hérouet, embellished his
home with a jaunty little tower
bearing delicately carved Gothic
sculptures. This fine home sits
at the intersection of rue
des Francs-Bourgeois and
rue Vieille-du-Temple.

46

TOUT PARIS

1125 — La Rue Vieille-du-Temple
et l'Hôtel Barbette (IIIe et IVe arr.)

Collection F. FLEURY

Rue Vieille-du-Temple

4e arrondissement

Dans ce quartier en bordure
du Marais, partiellement détruit
ou remanié au fil des siècles,
subsistent quelques très beaux
hôtels particuliers. Ainsi l'hôtel de
Chalons-Luxembourg, dont
le magnifique portail Louis XIII
ouvre au 26 de la rue Geoffroy-
l'Asnier.

***Rue Geoffroy-l'Asnier,
4th arrondissement.*** *Numerous
lovely mansions line this Marais
district street. Hobbled but proud
survivors of demolition or
renovation project through
the centuries. Pictured here,
in gracious Louis XIII style, is
the entrance to the Chalons-
Luxembourg mansion located at
number 26 rue Geoffroy-l'Asnier.*

46.   Rue Geoffroy-l'Asnier, 26
Hôtel de Châlons (famille de marchauds enrichis dans
la rouennerie, 1623)   Coll. L. G.

48

Rue Geoffroy-l'Asnier

4e arrondissement

858. PARIS *(4° arrt)* – La Rue Saint Antoine   C. M.

Ancienne voie gallo-romaine, la rue Saint-Antoine est l'un des axes historiques de Paris dans le prolongement de la rue François-Miron. Elle débouche à l'est sur la place de la Bastille.

Rue Saint-Antoine, 4th arrondissement. *Dating back well before Roman times, rue Saint-Antoine is rich in Parisian history. It is basically a westward extension of rue François-Miron, thus carrying it onwards to Place de la Bastille.*

Rue Saint-Antoine

4e arrondissement

Edifiée en 1627 dans un style dit "jésuite", l'église Saint-Paul, avec sa coupole haute de 55 mètres, représente un exploit architectural. Elle domine de sa silhouette imposante la très animée rue Saint-Antoine.

Saint-Paul Church, 4th arrondissement. *Saint-Paul's church was built in pure Jesuit style in 1627. Its dome, a feat of architecture, rises 55 meters (180 feet) and graces the skyline of the ever busy rue Saint-Antoine.*

Église Saint-Paul

4e arrondissement

Construit au début du XVIIe siècle,
l'hôtel de Sully fut la résidence
du célèbre ministre d'Henri IV.
Abîmé par des occupations
commerciales et artisanales
au cours du XIXe siècle et de
la première moitié du XXe, l'hôtel
a depuis été rétabli dans son état
d'origine.

Hôtel de Sully,
4th arrondissement.
*This early 17th-century private
mansion bears its first owner's
name. Sully was a minister of King
Henri IV. 19th and early 20th-
century commercial operations
renting space here caused
extensive damage but faithful
renovation has now restored
it to its original splendor.*

Paris Historique. — 8. Hôtel Sully, 143, rue Saint-Antoine,
construit sur les dessins de Jean Ducerceau, construit de 1624 à 1630

L. J & Cⁱᵉ, édit., Angoulême-Paris

Hôtel de Sully
4e arrondissement

Inaugurée en 1612 à l'occasion du mariage de Louis XIII et d'Anne d'Autriche, la place Royale, aujourd'hui place des Vosges, est délimitée par 36 pavillons de brique construits sur des arcades.

Place des Vosges, 4th arrondissement. 36 buildings with brick-façades and covered arcades frame the Place des Vosges, originally called Place Royale, opened in 1612 in honor of newly-weds Louis XIII and Anne of Austria.

Place des Vosges

4e arrondissement

916   PARIS. — Place des Vosges et Musée Victor-Hugo. — LL.

La place des Vosges a connu des hôtes illustres, dont le moindre ne fut pas Victor Hugo, qui y vécut de 1832 à 1848. Sa maison est aujourd'hui un petit musée consacré à un grand homme.

Place des Vosges, 4th arrondissement. *Place des Vosges has had many illustrious residents. Victor Hugo lived here from 1832 to 1848. His home, now a small museum, pays homage to a literary giant.*

Place des Vosges
4e arrondissement

30 M. PARIS (IVᵉ). — Notre-Dame
Statue de Charlemagne et le Nouveau Square
Place du Parvis

Il a fallu près de deux siècles pour mener à bien la construction de Notre-Dame-de-Paris, célèbre entre toutes. La grande cathédrale gothique fut restaurée entre 1845 et 1864 par l'architecte Viollet-Le-Duc.

Notre-Dame Cathedral, 4th arrondissement. *It took nearly two centuries to complete the construction of world-famous Notre-Dame-de-Paris. The grand Gothic cathedral was renovated by architect Viollet-Le-Duc in the period spanning 1845 to 1864.*

Cathédrale Notre-Dame

4ᵉ arrondissement

4035. PARIS — Port des Tournelles

À la pointe de l'île de la Cité, au pied de Notre-Dame, le square de l'Ile-de-France abrite un mémorial de la Déportation construit en 1962.

Port de la Tournelle, 5th arrondissement. *Beneath the grounds of the Square de Ile-de-France sitting at the tip of île de la Cité and behind Notre-Dame, is the Deportation Memorial, built in 1962.*

Port de la Tournelle

5ᵉ arrondissement

596   PARIS. — Les Berges de la Halle aux Vins. — LL.   *12/8. - 1905.*

De chaque côté du pont d'Austerlitz, les deux rives du fleuve ont changé de vocation et de physionomie au cours du temps. Rive droite, des immeubles de bureaux et, vers Bercy, le nouveau ministère des Finances se sont substitués au paysage industriel du début du XXᵉ siècle. Rive gauche, la halle aux vins n'est plus mais les quais ont été aménagés en promenade.

Quai Saint-Bernard, 5th arrondissement. *With the ebb and tide of the centuries, the banks of the Seine at the Austerlitz bridge have had varying faces and uses. The Right Bank industrial sites of the early 20th century were replaced by office buildings and the new Ministry of Finance building near Bercy. The Left Bank's wine wholesalers' district was uprooted to make way for today's landscaped riverside park.*

Quai Saint-Bernard

5e arrondissement

559. PARIS — Place et Pont Saint-Michel   C. L. C.

Vue depuis la place Saint-Michel, l'aile du Palais de justice longeant le quai des Orfèvres se donne des allures médiévales alors qu'elle a été construite en 1912 !

Place Saint-Michel, 5th arrondissement. *View taken from Place Saint-Michel of the south wing of the Palais de Justice located on Quai des Orfèvres. This attempt at medieval revival dates from 1912.*

Place Saint-Michel

5e arrondissement

14. PARIS — Rue de la Harpe

Avec le Marais, l'îlot Saint-Séverin, formé par les rues de la Huchette, de la Harpe, Xavier-Privas et Saint-Séverin, reste l'un des rares quartiers de Paris à avoir été épargné par les remaniements haussmanniens.

Rue de la Harpe, 5th arrondissement. *Like the Marais, the Saint-Séverin area (composed of several tiny blocks formed by rue de la Huchette, rue de la Harpe, rue Xavier-Privas and rue Saint-Séverin) is one of the rare districts of Paris that narrowly escaped the late 19th century urban renewal programs under Haussmann.*

Rue de la Harpe

5e arrondissement

65. - PARIS. - Place Maubert. - G. I.

11 Juin 1906

Au carrefour des rues Lagrange, Frédéric-Sauton, Maître-Albert et du boulevard Saint-Germain, la place Maubert est l'une des plus anciennes de Paris. Portant le nom d'un abbé de Sainte-Geneviève qui avait permis qu'on y établisse des étals de boucherie, elle accueille aujourd'hui un marché hebdomadaire.

Place Maubert, 5th arrondissement. *At the junction of rue Lagrange, rue Frédéric-Sauton, rue Maître-Albert with boulevard Saint-Germain is Place Maubert, one of the city's oldest squares. This market place was aptly named for an 11th century abbot of the Saint-Geneviève abbey who signed orders for butcher shops stalls to be set up here.*

Place Maubert

5e arrondissement

50. PARIS. — Saint-Étienne-du-Mont et Tour Clovis. J. L. C.

Bâtie sur l'emplacement d'une ancienne abbaye, l'église Saint-Étienne-du-Mont date du XVe siècle. Son jubé de style Renaissance est le seul qui subsiste à Paris. De l'autre côté de la rue Clovis, une tour du même nom est enserrée dans les bâtiments du lycée Henri-IV.

Saint-Étienne-du-Mont Church and the Clovis tower, 5th arrondissement. *The city's sole remaining Renaissance rood screen is to be found within the 15th-century Saint-Étienne-du-Mont church. On the opposite side of rue Clovis, a tower bearing the same name stands enclosed among the buildings comprising the Henri IV high school.*

**Église Saint-Étienne-du-Mont
et tour Clovis**
5e arrondissement

189. PARIS — Les Arènes Romaines, Rue de Navarre
C.M.

Mises au jour lors du percement de la rue Monge, les arènes de Lutèce ont échappé à la destruction dans la seconde moitié du XIXe siècle. Elles servent aujourd'hui de terrain de jeux et de pétanque aux habitants du quartier.

Arènes de Lutèce, 5th arrondissement. *The excavation work to lay out rue Monge exposed the Roman arena, thus, it escaped the demolition crews of the second half of the 19th century. The arena now serves as a playground for neighborhood residents young and old.*

Arènes de Lutèce
5e arrondissement

La rue Mouffetard est une vieille rue parisienne qui mène à la place de la Contrescarpe, encore empreinte d'un certain charme provincial.

Rue Mouffetard, 5th arrondissement. *Rue Mouffetard, an ancient street of Paris, leads uphill to Place de la Contrescarpe, reputed for its provincial charm.*

Rue Mouffetard
5e arrondissement

TOUT PARIS

119 – Quai des Grands-Augustins (VIᵉ arrᵗ)
Petit bras de la Seine

Pour préserver des inondations l'hôtel de Nesle (situé à l'emplacement de l'actuel hôtel des Monnaies) qu'il avait racheté, le roi Philippe le Bel le fit border en 1313 d'un quai qui prit plus tard le nom des Grands-Augustins.

Quai des Grands-Augustins, 6th arrondissement. In 1313, King Philippe le Bel ordered this riverbank quay as flood protection for the Hôtel de Nesle (a fortified palace located on the site of today's Hôtel des Monnaies). It has since become known as Quai des Grands-Augustins.

Quai des Grands-Augustins

6e arrondissement

293 — PARIS - La Rue Dauphine

La rue Dauphine, percée au début du XVIIe siècle, est une conséquence du Pont-Neuf, auquel elle offre une issue vers les quartiers encore médiévaux de la rive gauche.

Rue Dauphine, 6th arrondissement. The Left Bank's medieval quarters can be accessed via rue Dauphine which was traced in the 17th century as a direct result of the construction of the Pont-Neuf.

Rue Dauphine
6e arrondissement

97. - PARIS. - L'Institut et le Pont des Arts

Achevé en 1663, l'Institut de France abrite notamment l'Académie française, une institution créée en 1635 par Richelieu pour défendre la langue française. Jeté sur la Seine entre l'Institut et le Louvre, le pont des Arts était initialement doté de 9 arches, qui gênaient la navigation. Reconstruit en 1984, il n'en comporte plus que 7.

Institut de France and the Pont des Arts, 6th arrondissement. *The Institut de France was completed in 1663. It is home to the Académie française, an institution created in 1635 by Cardinal Richelieu to promote the French language. The Pont des Arts spans the Seine here. Originally, it had 9 arches which hindered river traffic. Two were removed when the bridge was rebuilt in 1984.*

Institut de France et pont des Arts

6e arrondissement

1779. PARIS (VI° arrt) — Rue Mazarine au carrefour Buci, Dauphine et Ancienne-Comédie

L'élégante coupole de l'Institut de France s'inscrit dans la perspective de la rue Mazarine.

Rue Mazarine, 6th arrondissement. The graceful dome of the Institut de France is neatly framed by rue Mazarine.

Rue Mazarine
6e arrondissement

Dernier vestige avec le palais abbatial de la grande abbaye de la rive gauche, l'église Saint-Germain-des-Prés domine de son clocher millénaire le quartier qui porte son nom.

Église Saint-Germain-des-Prés, 6th arrondissement. *The Saint-Germain-des-Prés church and the abbey palace are the last vestiges of the Left Bank's imposing abbey. The church's one-thousand-year old belfry rises high over this neighborhood which shares the same name.*

Église Saint-Germain-des-Prés

6e arrondissement

Édifié en 1904 dans le style Art nouveau par l'architecte Paul Ascher, l'immeuble des grands magasins Félix Potin a longtemps dominé la perspective de la rue de Rennes. La tour Montparnasse, achevée en 1972 et haute de 210 mètres, l'a évidemment supplanté.

Rue de Rennes, 6th arrondissement. *The Félix Potin department store building opened in 1904. Designed in Art Nouveau style by architect Paul Ascher, for decades this landmark towered over rue de Rennes. In 1972, however, it lost this privilege to the 210-meter-high (689 feet) Tour Montparnasse.*

Rue de Rennes

6e arrondissement

Avec sa structure métallique plus lourde que celle de la tour Eiffel et sa nef centrale plus vaste que celle de Notre-Dame, la gare d'Orsay, achevée en 1900, représentait un exploit architectural. Mais elle ne fonctionna qu'une trentaine d'années, ses quais étant devenus trop courts pour les trains modernes. En 1977, sa transformation en musée fut confiée à l'architecte Gae Aulenti.

Musée d'Orsay, 7th arrondissement. *The Orsay train station, completed 1900, was an architectural feat. Its metal structure is heavier than the Eiffel Tower's and its central nave is larger than Notre-Dame's. It was shut down after only three decades in operation as its platforms were too short for the newer trains. In 1977, architect Gae Aulenti was commissioned to turn it into an art museum.*

Musée d'Orsay
7e arrondissement

Construit à l'occasion de l'Exposition universelle de 1900, en même temps que le Petit et le Grand Palais, le pont prit le nom du père du tsar Nicolas II en l'honneur de l'amitié franco-russe. Pour ne pas rompre la perspective, il est constitué d'une seule arche de fonte.

Pont Alexandre-III, 7th arrondissement. *The Alexandre III bridge, built for the 1900 Universal Exposition along with the Petit and the Grand Palais, was named for the father of Czar Nicholas II as a token of Franco-Russian friendship. Its single spanning arch was intended to give an uninterrupted perspective.*

Pont Alexandre-III

7e arrondissement

Conçue par l'ingénieur Gustave Eiffel pour l'Exposition universelle de 1889, la tour Eiffel domine Paris de ses 320 mètres de haut. Par temps clair, on peut admirer le panorama dans un rayon de 90 kilomètres.

Tour Eiffel, 7th arrondissement.
Engineer Gustave Eiffel designed his tower for the 1889 Universal Exposition. The tower rises 320 meters into the Paris sky, that's nearly 1,050 feet. On clear days, the tower's top level offers a panorama spanning 90 kilometers (55 miles).

Tour Eiffel
7e arrondissement

La tour Eiffel, illuminée dès l'Exposition universelle de 1900, a très tôt été utilisée pour des publicités lumineuses, notamment par les automobiles Citroën.

Tour Eiffel, 7th arrondissement.
The Eiffel Tower lit up the 1900 Universal Exposition. It took no stretch of the imagination for advertisers like Citroën Automobiles to see it was ideal for their electric billboards.

Tour Eiffel
7e arrondissement

Bordés d'élégants immeubles de pierre de taille, les villas ou les squares – comme ici celui de La Tour-Maubourg – sont caractéristiques des quartiers de l'Ouest parisien.

Square de La Tour-Maubourg, 7th arrondissement. *Throughout the western quarters of the capital, streets like rue La Tour-Maubourg, are typically lined with elegant villas, squares and dressed-stone apartment buildings.*

Square de
La Tour-Maubourg
7e arrondissement

1107 PARIS. — Détail d'une Fontaine de la Place de la Concorde — LL.

Aménagée pour la gloire de Louis XV et achevée en 1763, la place de la Concorde s'orne d'un obélisque de granit rose, offert en 1836 par le vice-roi d'Égypte à Louis-Philippe, et de deux fontaines, copies de celles de la place Saint-Pierre de Rome.

Place de la Concorde, 8th arrondissement. *Place de la Concorde was completed in 1763 as a tribute to King Louis XV. An obelisk in pink granite was erected here in 1836. It was a gift of the Viceroy of Egypt to King Louis-Philippe along with two copies of fountains on St. Peter's Square in Rome.*

Place de la Concorde

8ᵉ arrondissement

582. PARIS (8ᵉ) — Rue Royale,
au fond la Madeleine   J H.

La rue Royale relie la place de la Concorde à la Madeleine. Aux deux angles de la rue se dressent des bâtiments à colonnes inspirés du Louvre. Construits par l'architecte Gabriel, concepteur de la place de la Concorde, ils abritent aujourd'hui l'hôtel Crillon et l'état-major de la Marine.

Rue Royale, 8th arrondissement. *Rue Royale runs northward from Place de la Concorde to la Madeleine. At either side of the entrance to this street are two Louvre-style buildings with columns designed by Gabriel, famed architect of Place de la Concorde. Today, the building on the west side is the Hôtel Crillon, and the building on the east serves as headquarters for the French Navy.*

Rue Royale

8e arrondissement

Bourse, bibliothèque, église : pendant les quatre-vingts ans que dura sa construction, la Madeleine a changé plusieurs fois de destination. Achevée en 1842, elle devint finalement une église, dans laquelle furent installées en 1846 de magnifiques orgues dues à Cavaillé-Coll.

The Madeleine Church, 8th arrondissement. *Stock exchange, library, church… During the 80 years it took to complete the purpose of la Madeleine changed several times. Upon its completion in 1842, it was finally decided to make the building a church, endowed in 1846 with the magnificent organ by Cavaillé-Coll.*

Église de la Madeleine

8e arrondissement

832. PARIS — L'Avenue des Champs-Élysées

Large de 71 mètres, l'avenue la plus célèbre de la capitale au débouché sur la place de la Concorde.

Avenue des Champs-Élysées, 8th arrondissement. *The capital's world-famous avenue is 71 meters wide (233 feet) and starts here at Place de la Concorde.*

106

Avenue des Champs-Élysées

8e arrondissement

648 PARIS — Avenue des Champs-Élysées C. L. C.

Édifié à la gloire des armées napoléoniennes, inauguré en 1836 par Louis-Philippe, l'Arc de triomphe a longtemps clos la perspective des Champs-Élysées. Depuis 1989, c'est la Grande Arche, signée par l'architecte Otto von Spreckelsen, qui, à l'extrémité du quartier de la Défense, prolonge à l'ouest cet axe prestigieux.

Avenue des Champs-Élysées, 8th arrondissement. *The Arc of Triumph is a tribute to Napoleon's armies. Inaugurated by King Louis-Philippe in 1836, it was long the closing landmark of the Champs-Élysées. In 1989, however, the prestigious point of view was visually extended westward to the business district with the completion of the Grande Arche de la Défense, designed by architect Otto von Spreckelsen.*

Avenue des Champs-Élysées

8e arrondissement

Construit en pierre, le premier pont de l'Alma, achevé en 1856, était orné de statues de soldats ayant participé à la bataille de l'Alma : zouave, chasseur, artilleur et grenadier. Devenu insuffisant pour le trafic automobile, il a été remplacé dans les années 1970 par un pont métallique. Son unique pile est gardée par le zouave, qui fait office de repère des crues de la Seine.

Pont de l'Alma, 8th arrondissement. *The first Pont de l'Alma was built in stone. Completed in 1856, it sported statues glorifying the victorious veterans of the battle of the Alma River (Crimean War 1854): a Zouave (infantry man), a gunner, and a grenadier. Unsuitable for modern traffic, the bridge was replaced in the 1970s by a sturdier metal structure. The Zouave remains on the bridge's sole pier and indicates how high the River Seine is flowing.*

Pont de l'Alma

8e arrondissement

Baroque et éclectique, l'Opéra édifié par l'architecte Charles Garnier à partir de 1862 fait figure d'emblème du style Napoléon III.

Opéra Garnier, 9th arrondissement. *Baroque and eclectic best describe architect Charles Garnier's opera house. Begun in 1862, it is the epitome of Napoleon III style.*

Opéra Garnier
9e arrondissement

714. PARIS VIIIe arr. — Rue d'Amsterdam. – La Poste

CADOT, PARIS

Toute proche de la gare Saint-Lazare, la rue d'Amsterdam n'a rien perdu de son animation. La gare du XIXe siècle continue d'être la porte d'entrée quotidienne dans Paris de centaines de milliers de personnes.

Rue d'Amsterdam, 9th arrondissement. *Rue Amsterdam, only a stone's throw from the Saint-Lazare train station, remains as busy as ever. Every day, hundreds of thousands of rail passengers use this 19th century station.*

Rue d'Amsterdam

9e arrondissement

124. PARIS. — La Place Pigalle.

Edition E. L., Paris.

Autour de la place Pigalle, les sex-shops ont remplacé les cafés littéraires du XIXᵉ siècle, comme celui de la Nouvelle Athènes.

Place Pigalle, 9th arrondissement. *Literary cafés of the 19th century on Place Pigalle like La Nouvelle Athènes have now been replaced by sex-shops.*

Place Pigalle
9e arrondissement

57 — Boulevard Saint-Martin (IIIᵉ et Xᵉ arrᵗ)

Le long des trottoirs surélevés subsistent encore deux des théâtres qui ont fait la réputation du boulevard au XIXᵉ siècle : la Renaissance et le théâtre de la Porte Saint-Martin.

Boulevard Saint-Martin, 10th arrondissement. *The Renaissance and the Théâtre de la Porte Saint-Martin are two 19th century survivors still gracing the high sidewalks of this boulevard which spawned the term for the bawdy genre called "théâtre de boulevard".*

Boulevard Saint-Martin

10e arrondissement

Depuis le XIXe siècle, le boulevard Saint-Martin a perdu de son prestige. S'il reste animé, les brasseries et les théâtres ont peu à peu cédé la place à divers petits commerces.

Boulevard Saint-Martin, 10th arrondissement. *Boulevard Saint-Martin has lost the prestige that it enjoyed in the 19th century. Although still quite busy, most of its famed cafés and theaters have been replaced by various small business.*

Boulevard Saint-Martin

10e arrondissement

Plus modeste que la porte Saint-Denis, la porte Saint-Martin glorifie elle aussi Louis XIV, dont elle célèbre la victoire sur les nations de la Triple Alliance.

Porte Saint-Martin, 10th arrondissement. *Less impressive than Porte Saint-Denis, the Porte Saint-Martin is also an arc of triumph dedicated to King Louis XIV. It celebrates his victory over the Triple Alliance (England, Sweden and the Netherlands).*

Porte Saint-Martin

10e arrondissement

212 — PARIS — LE BOULEVARD BONNE-NOUVELLE

P. C. Paris

Le boulevard de Bonne-Nouvelle marque la limite nord du quartier du Sentier. Ce royaume parisien du textile et de la confection a investi les rues étroites situées entre le boulevard de Bonne-Nouvelle et la rue Réaumur, constamment parcourus par des livreurs.

Boulevard de Bonne-Nouvelle, 10th arrondissement. *Boulevard de Bonne-Nouvelle is the northern boundary of the garment district, le Sentier. The incessant flow of deliveries to the fief of Parisian cloth cutters cause traffic tie-ups in the narrow streets between Bonne-Nouvelle and rue Réaumur.*

Boulevard de Bonne-Nouvelle

10e arrondissement

Au numéro 39 de la rue du Château-d'Eau se trouve la plus petite maison de Paris : 5 mètres de haut, un seul étage et 1,40 mètre de façade seulement.

Rue du Château-d'Eau, 10th arrondissement.
The smallest house in Paris is located 39, rue du Château-d'Eau. The single story structure is 5 meters high and its facade is only 1.40 meter wide (a mere 4 feet 7 inches wide).

**Rue du
Château-d'Eau**
10e arrondissement

PARIS. — *Vue sur le Canal Saint-Martin*

Imaginé par Louis XIV mais achevé en 1825, partiellement recouvert par Haussmann pour créer le boulevard Richard-Lenoir, le canal Saint-Martin comporte neuf écluses. Il traverse aujourd'hui un quartier vivant où se côtoient boutiques et bistrots branchés.

Canal Saint-Martin, 10th arrondissement. *While the Saint-Martin canal project dates back to the time of Louis XIV, it was only finished in 1825. Partially covered by Haussmann to accommodate boulevard Richard-Lenoir, the nine-lock canal cuts through a lively quarter, teaming with trendy boutiques and clubs nowadays.*

Canal Saint-Martin

10e arrondissement

TOUT PARIS — 1684 - Quai de Jemmapes
et Canal Saint-Martin (Xme ar^t).

En vingt ans, le quai de Jemmapes longeant le canal Saint-Martin a bien changé d'allure. Les grands immeubles d'habitation remplacent les ateliers de cet ancien quartier industriel.

Quai de Jemmapes, 10th arrondissement. In just 20 years, the St. Martin canal area has undergone major changes. Apartment buildings stand on ground once occupied by the craftsmen and industrial sites along Quai de Jemmapes.

Quai de Jemmapes
10e arrondissement

E. V. 294. PARIS (XIXᵉ) — Le Métro au Rond-point de la Villette

En 1825, le canal Saint-Martin relia le bassin de la Villette au port de l'Arsenal. Ses quais, qui desservaient au XIXᵉ siècle les quartiers industriels de l'Est parisien, sont aujourd'hui très appréciés des promeneurs.

Quai de Valmy, 10th arrondissement. In 1825, the St. Martin canal ran from la Villette to the Port de l'Arsenal near the Bastille. In the 19th century, its quays provided docks for industrial quarters of eastern Paris. Today, they offer pleasant strolls.

Quai de Valmy

10e arrondissement

Le Cirque d'hiver a été construit en 1852 par Hittorf, l'architecte de la gare du Nord, pour accueillir pendant l'hiver les représentations données à la belle saison dans le cirque des Champs-Élysées. Le bâtiment a conservé sa vocation d'origine.

Cirque d'hiver, 11th arrondissement. *The Cirque d'hiver (winter circus) was erected in 1852 to serve as home to circus acts then performed in the open-air on the Champs-Élysées and is still a circus house today. Hittorf, its architect, also designed the Gare du Nord.*

Cirque d'hiver

11e arrondissement

411. - PARIS. - La Gare du Métropolitain à la Bastille - Le Départ

La place de la Bastille tient son nom de la forteresse destinée à défendre, à l'est, l'enceinte de Charles V. On sait ce qu'il en advint un certain 14 juillet 1789. Pour autant, la place n'en a pas terminé avec les silhouettes massives, comme en témoigne le nouvel opéra.

Opéra Bastille, 11th arrondissement. *Place de la Bastille got its name from the fortress designed to defend the eastern walls of Paris. Its fate is legendary. On July 14, 1789, revolutionaries tore it apart, stone by stone. Is the new opera house proof that the Bastille is destined to be the home of massive buildings?*

Opéra Bastille
11e arrondissement

Le faubourg Saint-Antoine abrite de nombreux passages soigneusement sauvegardés aujourd'hui, même si leurs occupants traditionnels – qui travaillaient dans le meuble et l'artisanat d'art – les ont pour la plupart désertés depuis longtemps.

Rue du Faubourg-Saint-Antoine, 11th arrondissement. The Faubourg Saint-Antoine is a neighborhood comprised of numerous quaint and well-preserved alleyways. Their most famous tenants –mainly furniture makers and artistic craftsmen– began moving out long ago.

Rue du Faubourg-Saint-Antoine

11e arrondissement

860 - Boulevard Richard Lenoir pris de la place de la Bastille (XIe)

Sous les pavés… le canal ! C'est pour empêcher que les insurgés ne se réfugient, en cas d'émeute, derrière le canal Saint-Martin que le baron Haussmann le fit partiellement recouvrir, créant ainsi le boulevard Richard-Lenoir.

Boulevard Richard-Lenoir, 11th arrondissement. *Beneath the paving stones lies the canal. City administrator Baron Haussmann had it covered in places so as to prevent insurgents from seeking refuge beyond city limits past the canal. The boulevard Richard-Lenoir hemmed them in.*

Boulevard Richard-Lenoir

11e arrondissement

Rue de la Roquette à la place Voltaire

Entre la place Léon-Blum et le Père-Lachaise, la rue de la Roquette a conservé ses commerces alimentaires.

Rue de la Roquette, 11th arrondissement. *Rue de la Roquette runs from Place Léon-Blum to the Père-Lachaise cemetery. Still today, it is known for its many food shops.*

Rue de la Roquette
11e arrondissement

Rue des "apaches" à la fin du XIXᵉ siècle, la rue de Lappe a connu une nouvelle jeunesse lorsque le quartier de la Bastille et la rue de la Roquette sont devenus des lieux à la mode dans les années 1980.

Rue de Lappe, 11th arrondissement. *At the end of the 19th century, rue de Lappe had so many thugs it rightfully deserved to be called "bad boys' street". It found a second youth when trend-setters overtook the Bastille area in the 1980s.*

Rue de Lappe

11e arrondissement

368. - PARIS. - Le Canal St-Martin et la Colonne de Juillet

Imaginé par Louis XIV et commencé sous Napoléon Ier, le canal Saint-Martin a longtemps servi à acheminer sable et charbon au cœur de Paris. Aujourd'hui, le port de l'Arsenal, auquel il permet d'accéder en passant sous la place de la Bastille, est devenu un port de plaisance.

Port de L'Arsenal, 12th arrondissement. *A Louis XIV's project, Canal Saint-Martin was built under the reign of Napoleon Ier. It was used for a long time to convey sand and coal to the heart of Paris. Today, it gives access, crossing under the Place de la Bastille, to Port de l'Arsenal, now a marina.*

Port de l'Arsenal
12e arrondissement

La Seine à travers Paris. — La Seine à la Râpée

Vu depuis Austerlitz, le quai de la Rapée illustre la transformation du Paris industriel en centre d'activités tertiaires. Aujourd'hui, les immeubles de bureaux masquent le beffroi de la gare de Lyon.

Quai de la Rapée, 12th arrondissement. *Quai de la Rapée, viewed here from Austerlitz, is a prime example of Paris's turn from industry to the tertiary sector. High-rise business offices now mask the clock tower at Gare de Lyon.*

Quai de la Rapée

12e arrondissement

Vue de la Seine, prise du Pont de Bercy.

Signé par les architectes Chemetov et Huidobro, le nouveau ministère des Finances a nécessité 1 300 pieux de fondation. Ses deux portiques, dont l'un s'avance sur la Seine, pèsent aussi lourd que la tour Eiffel.

Finance Ministry, 12th arrondissement. *The new Finance Ministry designed by architects Chemetov and Huidobro, sits on 1,300 foundation piles. Its two porticos, one of which advances out onto the Seine, weigh as much as the Eiffel Tower.*

Ministère de l'Économie et des Finances

12e arrondissement

Photo. P. Denis

PARIS — La Rue de Lyon

Typiquement haussmannienne, avec ses immeubles aux façades régulières, rythmées par des balcons au deuxième et cinquième étages, la rue de Lyon a très peu changé depuis le XIXᵉ siècle. Seules les enseignes témoignent du passage du temps.

Rue de Lyon, 12th arrondissement. *Rue de Lyon has changed little since the 19th century and offers a good lesson in classic Haussmann-period style: rigid façade patterns featuring long, narrow balconies for certain floors. Only the storefronts seem to have changed.*

Rue de Lyon

12e arrondissement

Cette ancienne salle de spectacle reconvertie en cinéma de l'avenue des Gobelins présente une façade sculptée due à Auguste Rodin.

Avenue des Gobelins,
13th arrondissement. *Formerly a theater, the façade of this cinema on avenue des Gobelins was sculpted by Auguste Rodin.*

COLLECTION F. FLEURY.   599 — Théâtre des Gobelins
(XIIIe arrt)

Avenue des Gobelins

13e arrondissement

Jusqu'en 1919, les "fortifs" entouraient la capitale. On ne pénétrait dans Paris que par des portes comme la porte Didot. Au-delà des fortifs s'étendait la "zone", une bande inconstructible de 250 mètres de large. C'est sur cette bande que furent édifiés plus tard de grands ensembles de logements sociaux ainsi que le périphérique.

Avenue de la Porte-Didot, 14th arrondissement. *Until 1919, the capital was surrounded by fortifications. The only entry into the city was through guarded gates such as Porte Didot here. Beyond the fortifications was a 250-meter-wide zone (820 feet) where construction was prohibited. This ribbon of land later served for vast housing projects and the expressway that now circles the city.*

Avenue de la Porte-Didot

14e arrondissement

Le vaste lac artificiel du parc Montsouris, créé par Alphand, bras droit du baron Haussmann, est dominé par les grands immeubles de logements qui ont poussé à sa périphérie.

Parc Montsouris, 14th arrondissement. *Apartment high-rise buildings have grown up round the large man-made lake at Parc Montsouris. Credit for it goes to Alphand, Baron Haussmann's right-hand man.*

Parc Montsouris

14e arrondissement

Au XIXᵉ siècle, les bals, les cafés et les théâtres de la rue de la Gaîté en faisaient un quartier de nuit très couru. Il en reste quelques souvenirs, comme le théâtre du Montparnasse et sa façade ornée de cariatides ou le théâtre de la Gaîté-Montparnasse.

Rue de la Gaîté, 14ᵗʰ arrondissement. Throughout the 19th century, dance halls, cafés and theaters on rue de la Gaîté made it a popular night spot. A few survivors still remain. The Théâtre du Montparnasse with its façade of caryatids and the Théâtre de la Gaîté-Montparnasse are but two examples.

Rue de la Gaîté

14e arrondissement

1943 — PARIS. Chemin de Fer Métropolitain, Ligne n° 5 Etoile-Gare du Nord. Station Saint-Jacques. ND Phot.

Si l'architecture de la station Saint-Jacques n'a pas changé, les rames qui y circulent ont beaucoup évolué.

Station Saint-Jacques, 14th arrondissement. *While the Saint-Jacques metro station's architectural features have not changed, today's metro trains are quite different from yesteryear's.*

Station Saint-Jacques

14e arrondissement

670. PARIS. — Boulevard Garibaldi,
pris de la rue Lecourbe.

P. Marmuse

Le tracé de la ligne de métro aérienne épouse, entre Sèvres-Lecourbe et Cambronne, celui du boulevard Garibaldi. À l'angle du boulevard, l'agence bancaire a renouvelé son identité visuelle mais sa raison sociale est restée la même.

Boulevard Garibaldi, 15th arrondissement. *The elevated metro line doggedly follows the swath cut by boulevard Garibaldi between stations Sèvres-Lecourbe and Cambronne. Although the logo and colors of the bank on the corner have changed, it is still the same institution.*

Boulevard Garibaldi

15e arrondissement

TOUT PARIS

À l'emplacement des abattoirs de Vaugirard – dont les deux taureaux de bronze qui encadrent l'entrée conservent la mémoire – s'étend aujourd'hui le parc Georges-Brassens, qui accueille chaque week-end un marché du livre ancien.

Parc Georges-Brassens, 15th arrondissement. *The city park named after Georges Brassens stretches out from the site of the old Vaugirard slaughterhouse –memorialized by the pair of bronze bulls at the park gates. A rare book market is held here every weekend.*

Parc Georges-Brassens

15e arrondissement

104. PARIS — Le Point du Jour - Les Concerts

Quai du Point-du-Jour, la silhouette de la tour Eiffel reste un repère familier, mais les concerts flottants ont disparu au profit de la circulation automobile et des voies sur berges.

Voie Georges-Pompidou, 16th arrondissement. On Quai du Point-du-Jour, the Eiffel Tower still carves out its slice of the sky, but the riverboat concerts of old have now given way to expressway automobile traffic.

Voie Georges-Pompidou
16e arrondissement

16.6. - **Vieux Passy** — 24, rue Berton - Entrée de la maison de Balzac

Le village de Passy n'était pas encore rattaché à Paris quand Balzac y trouva refuge dans une petite maison qui présentait l'inestimable avantage d'avoir deux accès ; l'écrivain pouvait ainsi échapper d'autant plus facilement à ses créanciers.

Maison de Balzac, rue Berton, 16th arrondissement. *The village of Passy had not yet been absorbed into the Paris city limits when the writer Balzac took refuge in a small house here. Its two quite separate entrances allowed him to elude harrying bill collectors.*

Maison de Balzac, rue Berton

16e arrondissement

388 — PARIS — LA RUE DE CLIGNANCOURT — P. P. C.   Paris

À Barbès, la longue rue de Clignancourt est restée populaire et active avec ses enseignes bon marché qui attirent une foule dense de badauds et de clients.

Rue de Clignancourt, 18th arrondissement. *In the Barbès area, the very long rue de Clignancourt offers a myriad of inexpensive shops with signs that attract throngs of shoppers and onlookers.*

Rue de Clignancourt

18e arrondissement

G.C.A. Paris

954. Montmartre — Le Moulin Rouge

Ouvert en 1889, le Moulin-Rouge était l'un des hauts lieux de la vie nocturne de la fin du XIXᵉ siècle. Les affiches publicitaires de Toulouse-Lautrec ont immortalisé à jamais les envolées du french cancan qui firent la réputation de l'établissement.

Moulin-Rouge, 18th arrondissement. *The Moulin-Rouge opened in 1889. It was a night-life hot spot at the close of the 19th century. Billboards designed by Toulouse-Lautrec immortalized the establishment's high-kicking, ultra-famous dance, the French cancan.*

Moulin-Rouge

18e arrondissement

176. - PARIS. - Le Moulin de la Galette

Cet ancien moulin à vent de la butte Montmartre a été transformé en guinguette en 1833 par le fils du meunier, puis en bal populaire, immortalisé par les tableaux de Renoir.

Moulin de la Galette, 18th arrondissement. *This former windmill on the Montmartre butte was first turned into a cabaret in 1833 by the miller's son. It later became the popular dance hall immortalized in Renoir's paintings.*

Moulin de la Galette

18e arrondissement

195. PARIS-MONTMARTRE — La Rue St-Vincent et le Cabaret du Lapin Agile   C M.

D'abord baptisé cabaret des Assassins, ce restaurant-concert doit son nom à un décor signé du peintre André Gil et représentant un lapin bondissant hors d'une casserole : le "lapin à Gil" est vite devenu Au Lapin agile. Fréquenté aux grandes heures de Montmartre par Picasso, Apollinaire ou encore Blaise Cendrars, il reste l'une des attractions de la Butte.

Lapin agile, 18th arrondissement. *"Assassins' cabaret" was the original name for this restaurant offering food and song. Le Lapin agile (the agile rabbit) got its name from a sign painted by artist André Gil picturing a rabbit leaping from a pan. Thus, le Lapin à Gil (the rabbit by Gil) quickly became "Au Lapin agile". In the heyday of Montmartre, it could boast of serving the likes of Picasso, Apollinaire and Blaise Cendrars. It is a major attraction on the butte.*

Au Lapin agile

18ᵉ arrondissement

Plantée de vergers et semée
de moulins à vent, la butte
Montmartre devint un quartier
ouvrier et populaire au XIXᵉ siècle.
Aujourd'hui, Montmartre
a conservé l'aspect d'un village aux
rues pavées et aux maisons basses.

Rue Norvins, 18th arrondissement.
*Before becoming a working-class
neighborhood in the 19th century,
the butte Montmartre had orchards
and windmills. Cobblestone streets
and the low houses contribute to
the village-like atmosphere that
still reigns here today.*

3738 — PARIS (Vieux Montmartre).
La Rue Norvins, vue sur l'Eglise du Sacré-Cœur.   ND Phot.

Rue Norvins
18e arrondissement

Le funiculaire permet d'accéder
à la basilique du Sacré-Cœur
en évitant la montée des escaliers
de Montmartre, décidément bien
"*durs aux miséreux*".

Sacré-Cœur, 18th arrondissement.
*The funicular whisks passengers up
to the Sacré-Cœur basilica.
As an old song goes, the long hike
up the stairs is* "hard on poor
old legs".

351. PARIS - Montmartre — Le Sacré-Cœur
et le Funiculaire   C. M.

Sacré-Cœur
18e arrondissement

Paris — Vieux Montmartre - Place du Tertre

Avec la tour Eiffel et les Champs-Élysées, la place du Tertre est l'un des sites parisiens les plus visités par des touristes en mal de "décor authentique".

Place du Tertre, 18th arrondissement. *The Eiffel Tower, the Champs-Élysées and Place du Tertre top the list of Paris sites the most popular among tourists in search of "authentic flavor."*

Place du Tertre

18e arrondissement

La Rue St-Eleuthère à MONTMARTRE.

Ancienne place publique du village de Montmartre, la place du Tertre a conservé quelques belles demeures du XVIIIe siècle.

Place du Tertre, 18th arrondissement. *Historically, Place du Tertre was the village of Montmartre's town square. Several fine 18th century homes still proudly stand.*

Place du Tertre

18e arrondissement

PARIS — Rue des Solitaires à la Rue des Mignottes (XIXᵉ arr.)

Entre les Buttes-Chaumont et la place des Fêtes, la rue des Solitaires a échappé à la réhabilitation, parfois brutale, des quartiers nord de Paris. Ses immeubles bas n'ont pas changé, à l'exception des rez-de-chaussée et des boutiques.

Rue des Solitaires, 19th arrondissement. Rue des Solitaires, between the Buttes-Chaumont and Place des Fêtes, escaped the often heavy-handed renovation given many northern parts of Paris. It would seem only the ground floor and the shops of these low-rising buildings have changed.

Rue des Solitaires

19e arrondissement

Dans ce quartier populaire du nord de Paris, la rue de la Villette a conservé un bâti presque intact. Mais les façades ravalées témoignent d'une récente mutation avec l'installation d'une population plus aisée.

Rue de la Villette, 19th arrondissement. *In this working-class neighborhood in northern Paris, rue de la Villette offers a view into the past. The freshly sandblasted façades, however, indicate an influx of residents with better incomes.*

Rue de la Villette

19e arrondissement

L'école communale de la rue Fessart n'a pas pris une ride depuis le XIXe siècle, même si elle veille aujourd'hui à ne plus séparer garçons et filles.

Rue Fessart, 19th arrondissement. *While no longer strictly a girls' school, the municipal elementary school building on rue Fessart has not changed a lick since the 19th century.*

Rue Fessart

19e arrondissement

TOUT PARIS

18 = Le Coin de la Rue Rébeval et du Boulevard de la Villette (XIXᵉ arr.)

L'ancien village de Belleville, longtemps peuplé de familles ouvrières puis d'immigrants, fait aujourd'hui l'objet d'une rénovation qui en chasse les habitants les plus modestes.

Rue Rébeval, 19th arrondissement. *The former village of Belleville, once primarily favored by the working-class then by immigrants, is now losing its low-income residents due to urban renovation projects.*

Rue Rébeval
19e arrondissement

À l'angle de la rue de Belleville et de l'avenue Simon-Bolivar, les rails du tramway ont disparu sous l'asphalte et une enseigne de restauration rapide a remplacé le café.

Intersection of avenue Simon-Bolivar and rue de Belleville, 19th arrondissement. *Here at the corner of rue de Belleville and avenue Simon-Bolivar, the tramway tracks vanished beneath the asphalt and a fast-food restaurant replaced the café.*

196

**Carrefour de l'avenue Simon-Bolivar
et de la rue de Belleville**

19e arrondissement

Aménagé sur d'anciennes carrières dont il a tiré son élément pittoresque, le parc des Buttes-Chaumont est la création végétale la plus spectaculaire du programme haussmannien.

Parc des Buttes-Chaumont, 19th arrondissement. *Capitalizing on one picturesque feature of an abandoned quarry, the Parc des Buttes-Chaumont is Baron Haussmann's most spectacular effort at greening the city.*

Parc des Buttes-Chaumont

19e arrondissement

Surmontée d'un petit temple,
la "montagne" du parc des
Buttes-Chaumont offre une vue
magnifique sur la ville.

Parc des Buttes-Chaumont,
19th arrondissement. The small
"mountain-top" temple in the Parc
des Buttes-Chaumont offers
a splendid view of the city.

188. ~ PARIS. ~ Buttes Chaumont ~ Sur le Belvédère

**Parc des
Buttes-Chaumont**
19e arrondissement

391. PARIS — Le Canal de la Villette   C. M.

D'abord destiné à alimenter les fontaines en eau potable puis rendu à la navigation, le bassin de la Villette fut le théâtre d'une intense activité industrielle. C'est aujourd'hui un lieu de promenade et de loisirs.

Bassin de la Villette, 19th arrondissement. *Originally serving as a reservoir for the city's fountains of drinking water, the Bassin de la Villette was an obvious choice for barge traffic required by the then heavily industrial quarter. Ironically, leisure is the main activity today.*

Bassin de la Villette

19e arrondissement

TOUT PARIS — Perspective de la Rue de Crimée
à la Rue Manin (XIXᵉ arrᵗ)

1141

Créée entre 1851 et 1862, la Petite Ceinture devait relier entre elles les gares parisiennes, tout en desservant les fortifs. Mal raccordée au réseau principal, elle fut progressivement abandonnée ; certaines portions de son parcours, comme ici rue de Crimée, sont aujourd'hui entièrement recouvertes et construites.

Intersection of rue de Crimée and rue Manin, 19th arrondissement. *The inner ring rail (la Petite Ceinture) was laid out between 1851 and 1862 in order to connect Paris train stations and city gateways. This tram was gradually phased out because it had poor links to the main network. Certain portions, such the tracks here at rue de Crimée, vanished beneath real estate developments.*

204

Carrefour des rues de Crimée et Manin

19e arrondissement

Lauréat du concours lancé en 1889 par la Compagnie du Métropolitain pour l'édification des entrées de métro, l'architecte Hector Guimard a marqué de son empreinte le paysage parisien avec des ornements de fonte Art nouveau inspirés de formes végétales. Il reste encore aujourd'hui plus de 80 bouches de métro de ce type.

Station Avron, 20th arrondissement. *When architect Hector Guimard won the 1889 contract to decorate the metro stations, he made a lasting mark on the Paris cityscape. His cast iron Art Nouveau lamps take their inspiration from leaves and flowers. More than 80 metro entrances in this style remain in place today.*

Station Avron

20e arrondissement

TOUT PARIS
a — Square du Père-Lachaise (XXe arrt)
" Le Déclin "

Cette statue du "déclin" semblerait bien vaillante, en dépit du passage des ans, si la vitalité végétale et urbaine de son arrière-plan ne la condamnait pas à devenir un élément de plus en plus modeste du paysage.

Jardin Samuel-de-Champlain, 20th arrondissement. *This tender tribute to our "twilight" years has valiantly weathered the passing of time, despite the growth of vegetation and heightened urbanization which have reduced it to being a minor feature of the foreground.*

Jardin Samuel-de-Champlain
20e arrondissement

Le village de Ménilmontant, traversé par la longue rue pentue du même nom, fut rattaché à la capitale en 1860. Depuis les années 1980, le quartier a connu des opérations de réhabilitation controversées, dont celle de la ZAC des Amandiers, qui a remplacé l'habitat ouvrier par des constructions contemporaines.

Rue de Ménilmontant, 20th arrondissement. The long and steep rue de Ménilmontant cuts through the heart of this former village. The village of Ménilmontant was absorbed into the Paris city limits in 1860. Since the 1980s, there have been controversial urban development projects such as the Amandiers joint public and private development project which replaced workers' housing with contemporary buildings.

Rue de Ménilmontant

20e arrondissement

TOUT PARIS

TABAC
BILLARD
AU VRAI MARC
BOURGOGNE

1308 — Carrefour de la Rue
des Couronnes (XXᵉ arrᵗ)
et de la Rue de la Mare

COLLECTION F. FLEURY.

Comme la rue des Rigoles ou la rue des Cascades, la place de la Mare conserve le souvenir des sources dont les eaux dévalaient la colline de Belleville.

Place de la Mare, 20th arrondissement. *Place de la Mare (pond circle), rue des Cascades (waterfall street), rue des Rigoles (gurgling stream street) recall the bodies of water and springs that once graced the Belleville hill.*

Place de la Mare

20ᵉ arrondissement

La paisible rue Haxo a connu des heures sanglantes à la fin de la Commune de Paris. La foule y exécuta 50 otages, prêtres, gendarmes ou mouchards.

Rue Haxo, 20th arrondissement. *Today's peaceful rue Haxo was the theater of violent bloodshed during the 1871 revolt in Paris in which an angry mob executed some 50 hostages, priests, guardians of the peace, and informants.*

Rue Haxo
20e arrondissement

*Remerciements à Françoise Moinet
pour les légendes, aux services de
la communication de la RATP
et de l'établissement public
du Grand Louvre et à la Société
Nouvelle d'exploitation de la tour Eiffel
(conception Pierre Bideau).*

Édition : Mathilde Kressmann
Direction artistique : Isabelle Chemin
Maquette : Marylène Lhenri

Avec la collaboration de Marianne Bonneau

Achevé d'imprimer en janvier 2005
sur les presses de l'imprimerie Mariogros, en Italie
Dépôt légal : février 2005

ISBN 2-84096-387-6